GIALLO ALL'IT
LETTURE GRA

Le indagini del commis

IL SANGUE DI SAN GENNARO

SANDRO NANETTI

SANDRO NANETTI

Sandro Nanetti è nato e vive nella provincia di Bologna. Nel suo percorso di lavoro si è occupato di relazioni industriali e di risorse umane all'interno di associazioni imprenditoriali e di un'importante multinazionale del Made in Italy. Da pensionato, è oggi impegnato nel mondo del volontariato e compone "zirudelle", le tipiche filastrocche a rima baciata in dialetto bolognese. È vincitore del concorso letterario "Giallo all'italiana", organizzato da Casa delle Lingue in collaborazione con il Circolo Letterario Bel-Ami.

Dal 2005, il Circolo Letterario Bel-Ami opera a Roma nei settori della letteratura, del teatro, della pittura e dell'arte in genere, promuovendo e organizzando mostre, seminari, dibattiti, reading, conferenze e concorsi letterari. Insieme a Casa delle Lingue ha indetto il concorso letterario "Giallo all'italiana".

LE INDAGINI DEL COMMISSARIO DE ANGELIS

Il commissario Domenico De Angelis è in servizio presso varie Questure italiane per missioni sotto copertura. Ha 41 anni, è napoletano, è dotato di un grande fascino e piace molto alle donne. È un appassionato lettore, gli piace andare in moto e fare sport, in particolare il nuoto. Ama la buona tavola e adora il mare.

INDICE

Prima di leggere .... p. 06
Capitolo 1 Napoli .... p. 07
Capitolo 2 Il miracolo .... p. 10
Capitolo 3 Una vecchia conoscenza .... p. 15
Capitolo 4 Un sospettato .... p. 19
Capitolo 5 Il sogno di antonio .... p. 23
Capitolo 6 Una questione d'onore .... p. 27
Note culturali .... p. 32
Attività .... p. 38
Soluzioni .... p. 59

ASCOLTA LA LETTURA TEATRALIZZATA
DEL SANGUE DI SAN GENNARO
SU WWW.CDL-EDIZIONI.COM
(CATALOGO —> LETTURE —> IL SANGUE DI SAN GENNARO)

PRIMA DI LEGGERE

1. Osserva la copertina: quali elementi riconosci? A cosa ti fanno pensare?

....

....

....

2. Questi sono alcuni personaggi famosi legati a Napoli. Li riconosci? Osserva le fotografie e indica la loro professione.

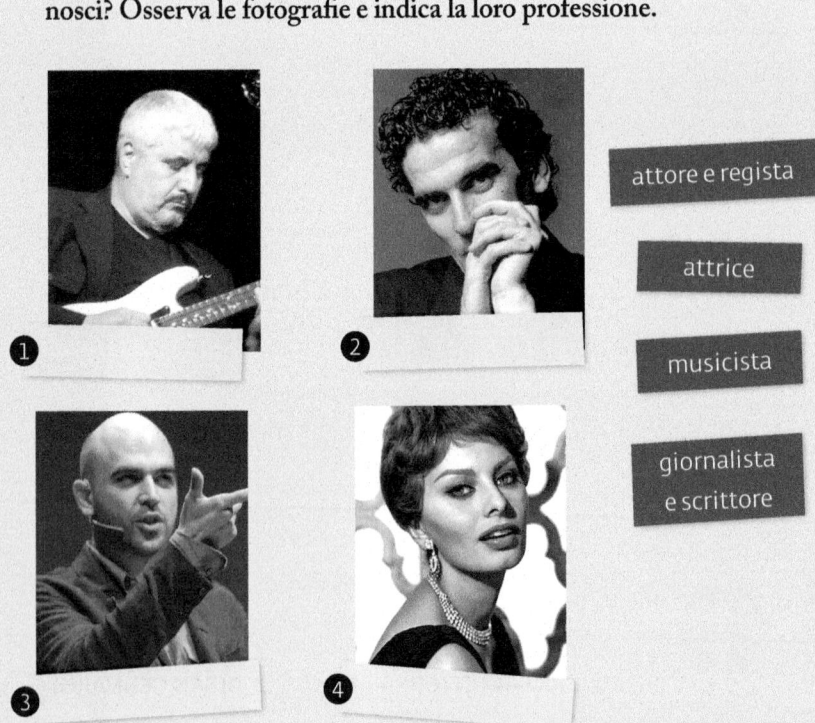

attore e regista

attrice

musicista

giornalista e scrittore

CAPITOLO 1 **NAPOLI**

Sono arrivato a Napoli, sono tornato a casa mia. Come ogni napoletano che non vive più nella sua città, appena esco dalla stazione mi precipito[1] al Caffè Mexico[2] e ordino un caffè. Che profumo, che gusto! Un caffè così si può bere solo a Napoli. Qualcuno dice che è l'acqua a renderlo[3] così buono e in effetti conosco alcuni napoletani che, quando viaggiano, portano con sé un po' d'acqua di qui per preparare un caffè migliore. Non funziona, e lo sanno anche loro.

---

1. Vado di corsa | 2. Il Caffè Mexico, vicinissimo alla stazione centrale di Napoli, serve uno dei migliori caffè della città | 3. Far diventare

Napoli

È soltanto un modo per portarsi dietro un pezzo della loro città quando sono lontani. Al momento di pagare lascio i soldi per due caffè: quello che ho appena bevuto e un caffè sospeso[4], cioè un caffè a disposizione di qualcuno che non può pagarlo. Salgo su un autobus e vado verso casa di mia madre. Mio padre è morto alcuni anni fa e lei adesso vive da sola. Per fortuna i vicini di casa le sono molto affezionati[5] e la aiutano nelle pulizie di casa e a fare la spesa; spesso la invitano anche a pranzo o a cena. È mia madre il motivo per cui sono qui. Domani è il giorno di San Gennaro[6] e mezza Napoli si riverserà[7] nel Duomo per assistere al miracolo[8] e pregare il santo. È un appuntamento importante per molti napoletani e mia madre mi ha chiesto di accompagnarla. "Devi assolutamente venire con me a pregare San Gennaro. Magari fa il miracolo!" Quello che intende per 'miracolo' è che San Gennaro mi faccia tornare a Napoli dopo che, a causa di un'avventura amorosa con la donna sbagliata, sono stato trasferito[9] al Nord.

Quando apre la porta, mia madre mi sorride e mi abbraccia affettuosamente. "Mimmo! Finalmente qui!" mi dice. Stiamo un po' abbracciati stretti senza parlare. Non la vedevo da molti mesi e rispetto all'ultima volta mi sembra un po' più piccola e un po' più magra. Andiamo in cucina e cominciamo a raccontarci quello che è successo negli ultimi mesi, mentre la fiamma del fornello brucia sotto la caffettiera già preparata in attesa del mio arrivo. Mia madre

---

4. L'usanza del "caffè sospeso" sta scomparendo e attualmente si pratica solo in pochi bar | **5.** Le vogliono bene | **6.** Il santo patrono di Napoli | **7.** Andrà | **8.** Avvenimento straordinario e inspiegabile, considerato soprannaturale. Il miracolo di San Gennaro consiste nel fatto che il sangue del santo, contenuto in due ampolle, diventa liquido. Questo avvenimento è considerato di buon augurio dai napoletani | **9.** Spostato

è preoccupata perché non ho una compagna, e dopo poco arriva la domanda che mi aspettavo: "E Angela? L'hai più sentita?"

"Purtroppo no" rispondo io.

Angela Tramontana è il Vice Questore di Napoli, il mio superiore. Tra di noi c'era un'amicizia molto affettuosa, finita quando lei ha scoperto[10] che durante alcune indagini avevo avuto una relazione con la moglie di un pregiudicato[11]. Questo è il motivo per cui non mi parla più, e per cui mi hanno trasferito al Nord.

"Peccato" sospira[12] mia madre. "Era la ragazza giusta per te."

"Forse hai ragione" ammetto[13] io.

"Ed è per questo che prego sempre San Gennaro! Pregherò anche domani" annuncia solennemente[14].

Il pomeriggio passa serenamente; mia madre mi racconta delle sue giornate, delle novità del quartiere e io le parlo un po' del mio lavoro. Dopo una cena piuttosto leggera, si va a letto presto. Domani ci sarà il miracolo e bisogna andare in chiesa molto presto se vogliamo trovare posto.

---

10. È venuta a sapere | **11.** Persona che ha avuto condanne penali | **12.** Dice con un sospiro (respiro profondo che indica tristezza) | **13.** Dire che una cosa è vera | **14.** Con convinzione

CAPITOLO 2 IL MIRACOLO

Alle otto e mezza entriamo nel Duomo, dove i fedeli stanno già cantando e pregando. Troviamo a fatica un posto e ci sediamo, mentre la chiesa continua a riempirsi di ogni genere di persone: fedeli, autorità locali, turisti e semplici curiosi. Poco dopo comincia la messa, la prima parte della cerimonia. Quando il cardinale[1] comincia a muovere delicatamente le ampolle[2] con il sangue, la folla canta e prega il santo in modo sempre più incalzante[3]. La chiesa è così grande e affollata che la maggior parte dei fedeli non riesce

---

1. Uno dei più alti incarichi della Chiesa cattolica | 2. Piccoli contenitori di vetro | 3. Insistente

neanche a vedere l'altare, figuriamoci il Cardinale. Inoltre, una folla altrettanto[4] numerosa, che non è riuscita a entrare, si accalca[5] davanti alle porte della chiesa, rimaste spalancate[6] per far partecipare tutti. Chi non riesce a vedere, un po' sgomita[7] e un po' chiede informazioni a quelli che stanno più avanti, creando così un'enorme confusione che ricorda più un mercato o uno stadio che una chiesa. Dopo quasi un'ora, il miracolo non è ancora avvenuto e la folla comincia ad agitarsi. Infatti, dopo poco, le 'parenti di San Gennaro'[8] abbandonano le preghiere tradizionali e passano agli insulti e alle minacce per spingere il santo a fare il proprio dovere.

"Faccia gialluta!"[9]

"San Genna', nun pazzia', ti vott' a copp' a bascie!"[10]

"Nun fa o' fess', San Genna'!"[11]

Nessuno si stupisce, è la tradizione. Da secoli i napoletani sentono di avere un legame così stretto con il santo da potersi permettere di parlargli come se fosse un parente o un amico. San Gennaro, poi, non è tipo da offendersi per queste piccolezze[12].

Finalmente il Cardinale sventola[13] un fazzoletto bianco, il segnale che tutti aspettavano: il sangue si è sciolto, il miracolo è avvenuto! La folla è entusiasta[14], alza le mani al cielo e ringrazia il santo, le persone si abbracciano e urlano piene di gioia[15]: "Viva San Gennaro!" Improvvisamente dalla piazzetta davanti al Duomo arriva un urlo che si distingue dalle grida di gioia: "Aiuto! Aiuto!"

---

4. Allo stesso modo | 5. Si riunisce creando affollamento | 6. Completamente aperte | 7. Spingere con i gomiti per cercare di passare | 8. Secondo la tradizione, le 'parenti di San Gennaro' sarebbero le discendenti della donna che raccolse nelle ampolle il sangue del santo | 9. Faccia ingiallita! | 10. San Gennaro non scherzare, ti butto giù! (riferito alla statua del santo) | 11. Non fare lo stupido, San Gennaro! | 12. Cose di poca importanza | 13. Agita in aria | 14. Felicissima | 15. Intensa felicità

Mi faccio strada[16] con fatica tra la folla ed esco. Poco lontano, in via Duomo, c'è un uomo di circa trent'anni a terra, in una pozza[17] di sangue. Dei poliziotti, che erano già lì per il normale servizio di sicurezza, stanno tenendo lontani i curiosi, mentre altri colleghi stanno parlando con dei possibili testimoni[18]. Siccome li conosco, mi avvicino per chiedere informazioni. Mi dicono che qualcuno, approfittando della confusione, ha sparato all'uomo e poi è fuggito. I miei colleghi non sanno di che arma si trattasse, ma pensano che avesse un silenziatore[19] perché nessuno ha sentito alcun rumore. Nessuno, per il momento, è in grado di dare una descrizione dell'assassino. Auguro ai miei ex colleghi di trovare presto il colpevole e torno a cercare mia madre. La trovo vicino alla porta della chiesa, pallida e turbata[20].

"Mimmo, che è successo?" mi chiede, con una voce un po' tremante.

"Hanno sparato a un uomo" rispondo io. "È morto."

"Ma chi è stato?" domanda mia madre con voce angosciata[21].

"Non si sa ancora. Adesso arriveranno altri colleghi per occuparsi del caso. Dai, andiamo a casa."

Non abitiamo molto lontano e decidiamo di tornare a casa a piedi: la passeggiata ci aiuterà a distrarci da quello che è accaduto. In effetti, quando arriviamo a casa nostra mia madre è molto più serena. Appena entriamo in cucina, arriva una voce dalla finestra:

"Luisa! Luisa, ma hai sentito che è successo al Duomo?"

"Certo, stavo là" dice mia madre affacciandosi alla finestra per rispondere alla signora Maria, che le parla dal suo balcone, dall'altra parte della strada.

"Stavi là? E che è successo? Com'è andata?"

---

16. Passo tra gli ostacoli | 17. Piccolo lago | 18. Persone che hanno informazioni su un reato | 19. Dispositivo che serve per rendere uno sparo di pistola meno rumoroso | 20. Preoccupata | 21. Impaurita e preoccupata

Mia madre, sempre alla finestra, comincia a raccontare, mentre poco a poco[22] gli altri vicini di casa si affacciano per sentire il racconto. In meno di un minuto, tutta Salita Stella è al balcone, e qualcuno si ferma anche in strada per partecipare alla conversazione. Quelli che sono arrivati più tardi chiedono di ripetere perché non hanno sentito il racconto dall'inizio e intanto la gente esclama[23] "Madonna mia!", "Cose da pazzi!"

Poi don Peppino, dal balcone del terzo piano, dice: "Qua bisogna fare i numeri[24]." E allora tutti danno il loro contributo, chi urla: "19, il giorno di San Gennaro", chi aggiunge: "62, il morto ammazzato", chi osserva[25]: "anche 18, il sangue". Poi si apre[26] una discussione sul numero da attribuire[27] a 'la pistola' che, non essendo compresa nella Smorfia[28] tradizionale, può corrispondere a più di un numero. Alla fine il biglietto viene compilato[29] e un ragazzino viene mandato alla ricevitoria[30] più vicina per giocare i numeri per conto di[31] tutta la strada. "Così, se vinciamo, a Natale possiamo mettere le luminarie[32] nella nostra strada" dice mia madre chiudendo la finestra.

***

Più tardi, quella sera, il mio cellulare squilla. Una voce fredda che riconosco subito mi dice: "Commissario De Angelis, i colleghi mi

---

22. Gradualmente, un po' alla volta | 23. Dire qualcosa ad alta voce e con entusiasmo | 24. Bisogna giocare al Lotto. A Napoli il gioco del Lotto è popolarissimo e, quando succede qualcosa di insolito, i napoletani hanno l'abitudine di "tradurre" gli avvenimenti in numeri da giocare al Lotto | 25. Fa una considerazione | 26. Comincia | 27. Dare, assegnare | 28. La Smorfia è una specie di "guida" per interpretare sogni o fatti realmente accaduti e abbinarli a dei numeri da giocare al Lotto | 29. Scritto, completato | 30. Il luogo, di solito un bar o un tabacchi, in cui si può giocare al Lotto | 31. In nome di | 32. Le luci che abbelliscono una strada nei periodi festivi

hanno detto che sei a Napoli."

"Sì, Vice Questore" rispondo io con il cuore che mi batte forte per l'emozione. Poi aggiungo: "Sono contento di sentirti."

Lei ignora[33] l'ultima frase e continua con voce distaccata: "Visto che sei qui, puoi fare qualcosa di utile. L'uomo che hanno ucciso davanti al Duomo si chiamava Antonio Rizzo. Lavorava per una ditta di catering di via Toledo[34]." Poi aggiunge con tono sarcastico[35]: "La proprietaria della ditta è proprio quella signora che ti piace tanto. Carmela. Te la ricordi, no?"

Me la ricordo benissimo, ovviamente. È la moglie del pregiudicato con cui ho avuto una relazione. Angela non mi dà il tempo di dire nulla e prosegue: "Da mesi teniamo sotto controllo la sua attività, sospettiamo che ci sia qualcosa di illegale, un traffico di documenti falsi, probabilmente. E questa morte improvvisa è sospetta[36]. Ho pensato a te per avere qualche informazione dalla proprietaria, visto che siete molto in confidenza[37]." E anche questa volta non riesce a trattenere un certo sarcasmo.

"Cercherò di parlarle" rispondo io. Vorrei dire ancora qualcosa, ma lei mi saluta bruscamente[38] e riattacca[39].

"Chi era?" mi chiede mia madre.

"Angela"

"Che bello!" esclama lei. "Vi vedete?"

"Sì. Ma per lavoro" rispondo io con un sospiro.

---

33. Non considera | 34. Una delle principali strade storiche di Napoli, che va da piazza Dante a piazza Trieste e Trento. È un'importante meta turistica perché lungo il suo percorso si trovano numerosi monumenti d'interesse artistico, negozi e locali storici. Anche se dal 1870 al 1980 la strada ha avuto il nome di via Roma, i napoletani hanno sempre continuato a chiamarla via Toledo | 35. Che esprime sarcasmo (amara ironia) | 36. Poco chiara | 37. Siete intimi | 38. Velocemente e in modo non molto gentile | 39. Chiude il telefono

CAPITOLO 3 UNA VECCHIA CONOSCENZA

La mattina dopo vado a via Toledo, dove si trova la ditta di catering di Carmela. È un locale ampio, luminoso, arredato con gusto. Dico che sono un amico della proprietaria e chiedo di vederla, così mi accompagnano nel suo ufficio e rimango lì ad aspettare. È più di un anno che non vedo Carmela. È la tipica bellezza meridionale, con i capelli neri e lo sguardo profondo. Mi aveva conquistato[1] con il suo sorriso e con il suo carattere passionale, impulsivo[2]. Quando finalmente arriva, mi accorgo che è molto cambiata: è sempre bella, indossa abiti firmati e al polso ha un orologio molto costoso.

---

1. Fatto innamorare | 2. Che agisce seguendo il suo istinto

Ora ha un'aria più energica, decisa, forse anche un po' dura. Mi abbraccia calorosamente e mi dice: "Mimmo! Sono così contenta di vederti!"

"Sono tornato a Napoli da un paio di giorni."

"E perché non sei venuto prima?" domanda lei. "Ho sentito molto la tua mancanza, sai?" dice, prendendomi la mano e guardandomi dritto negli occhi.

"Sì, anche tu mi sei mancata" mi affretto a rispondere[3]. Poi dico, cambiando argomento: "Vedo che hai una nuova attività…"

"Sai che mio marito è in carcere, no? In qualche modo dovevo arrangiarmi[4]. Così ho avuto questa idea del catering… Organizziamo feste e ricevimenti di alto livello, ci occupiamo sia del cibo che dell'intrattenimento. Gli affari vanno bene perché riusciamo ad accontentare tutte le esigenze[5] dei nostri clienti."

"Proprio tutte? Anche, non so… un passaporto, una patente…?" chiedo io.

Lei mi guarda per un istante[6], poi sorride. "Forse. Dipende da chi lo chiede."

Quindi i sospetti di Angela erano fondati[7]. Ma sono qui per indagare sulla morte di un uomo, non per arrestare Carmela. Perciò domando: "E Antonio Rizzo?"

"Ah, ecco perché sei qui! Peccato… pensavo che avessi voglia di vedermi" risponde lei, facendo una finta espressione imbronciata[8]. Poi riprende: "Cosa vuoi sapere di Antonio?"

"Lavorava per te, no?"

"Sì, è così. Lavorava nel catering, gestiva i contatti con i clienti.

---

3. Rispondo velocemente | **4.** Trovare il modo per sistemare una situazione | **5.** Necessità | **6.** Un breve momento | **7.** Giusti, corretti | **8.** Dispiaciuta e un po' arrabbiata

Era un ragazzo molto in gamba[9], per questo gli affidavo[10] anche i lavori più delicati." Si ferma un attimo, poi riprende. "Era uno dei miei migliori dipendenti: intelligente, affidabile[11]... Lavorava sotto la mia protezione, e ucciderlo è stato un grosso affronto[12] verso di me. Non posso tollerarlo[13]. Chiunque sia il colpevole, deve pagare[14] per questo."

"Allora dimmi chi è stato."

Lei alza le spalle, fa un respiro profondo. "Non lo so con certezza. Ma se vuoi la mia opinione, il nostro lavoro non c'entra niente. Antonio si era fatto dei nemici personali."

"Carmela, devi dirmi di più se vuoi il mio aiuto. Vuoi vedere il colpevole in prigione, no?"

"E va bene" sospira lei. "Quasi un anno fa Antonio si è occupato di organizzare una festa per un uomo molto facoltoso[15] che abita in una villa del Vomero[16]. Così ha conosciuto la moglie di lui, Juliana. Hanno cominciato a frequentarsi, si erano innamorati, a quanto sembra. La relazione andava avanti da molti mesi."

"Stai dicendo che il marito potrebbe essere il colpevole?"

"È molto probabile, non credi? È uno di quei nuovi ricchi che credono di essere i padroni della città. Arrogante[17], presuntuoso[18], aggressivo. Era anche violento con la moglie. Al tuo posto, io farei una chiacchierata con questo signore."

Dopo poco mi alzo e le dico che devo andare.

"Buon lavoro, allora" mi dice, avvicinandosi. "E dopo che hai arrestato il colpevole, torna da me... ti aspetto" e mi regala un lungo bacio. Penso che ho avuto già abbastanza problemi a causa sua.

"Ci sentiamo" le dico mentre esco.

---

9. Abile, capace | 10. Dare, assegnare | 11. Di cui ci si può fidare | 12. Offesa | 13. Sopportarlo | 14. Deve essere punito | 15. Ricco | 16. Un quartiere residenziale di Napoli | 17. Prepotente | 18. Che si crede migliore degli altri

Una vecchia conoscenza

***

Appena sono in strada, telefono ad Angela.
"Ho parlato con Carmela. Mi ha detto che Antonio aveva una relazione con una donna sposata. Carmela sospetta del marito di lei."
"E chi è?"
"Francesco Palumbo. Sembra che sia un personaggio poco raccomandabile[19]. Forse ha scoperto che la moglie aveva un amante…"
"Pensi che ci possiamo fidare di Carmela?" mi interrompe lei.
"Non aveva nessun interesse[20] a uccidere Antonio. Ed è arrabbiatissima per aver perso un suo dipendente. Perché mentire[21]?"
"Allora adesso faccio controllare il cellulare di Antonio, cerchiamo di capire se è vero che aveva una relazione con questa donna. E faccio qualche ricerca su questo Palumbo. Se serve, lo chiamerò in Questura[22]."

---

19. Una persona che è meglio evitare | 20. Vantaggio | 21. Dire una cosa falsa | 22. Ufficio della Polizia di Stato

CAPITOLO 4 UN SOSPETTATO

Quella sera stessa Angela mi chiede di andare in Questura per farmi assistere all'incontro con Palumbo. Ha raccolto[1] informazioni sull'uomo: una denuncia per rumori molesti[2], diverse multe per eccesso di velocità[3] e guida in stato di ebbrezza[4], possesso di piccole quantità di droga, oltraggio a pubblico ufficiale[5]. Sono tutti reati minori[6], ma mi aiutano a farmi un'idea del tipo di persona che sto per incontrare. Quello che ci interessa scoprire stasera è se

---

1. Trovato e messo insieme | 2. Fastidiosi, che disturbano | 3. Guidare troppo velocemente | 4. Guidare mentre si è ubriachi | 5. Il reato di offendere le forze dell'ordine | 6. Meno importanti di altri

quest'uomo sia anche un assassino. Perché in effetti il movente[7] c'è: controllando il cellulare di Antonio abbiamo scoperto che lui e Juliana Palumbo si facevano lunghe telefonate quasi tutti i giorni. Quindi quello che ha detto Carmela è vero: Antonio e Juliana avevano una relazione. Quando entro nell'ufficio di Angela lei è già lì ad aspettarmi. Mi sembra più bella di come la ricordavo, mi emoziono a rivederla. Fisicamente è il contrario di Carmela: bionda e con gli occhi chiari. Sì, insomma, non si direbbe che è del Sud. Ma del resto, secoli fa, in Puglia[8] sono passati i Normanni[9], che hanno lasciato tracce non solo nel patrimonio artistico.

È passato più di un anno da quando ci siamo visti l'ultima volta e, anche se mi ha chiesto di darle una mano con le indagini, si vede che è ancora molto arrabbiata con me. Mi lancia uno sguardo[10] gelido[11] e dice: "Ah, sei qui. Sei pronto? Palumbo ci sta aspettando nella stanza accanto."

Francesco Palumbo è un uomo sui quaranta[12], ha un aspetto curato e indossa abiti all'ultima moda. Ci guarda con aria impaziente e dice: "Allora? Perché sono qui?"

"Signor Palumbo, vorremmo farLe alcune domande. La prego, si sieda" dice Angela.

"E mi avete fatto venire fin qui per farmi delle domande?" dice Palumbo alzando la voce. "È chiaro che non sapete chi sono io!"

---

7. Il motivo per cui si commette un reato | 8. Regione del sud Italia, famosa per le sue bellezze paesaggistiche, lo splendido mare e importanti monumenti di epoche diverse | 9. Popolazione di origine scandinava, che occupò buona parte del Sud Italia tra l'XI e il XII secolo. Ancora oggi, alcuni italiani del Sud conservano le caratteristiche fisiche dei Normanni: capelli biondi e occhi azzurri | 10. Mi guarda velocemente | 11. Molto freddo | 12. Di circa quarant'anni

Il sangue di San Gennaro

"Guardi, purtroppo per Lei lo sappiamo benissimo" risponde Angela, senza perdere la calma. "Adesso si sieda e risponda alle domande, o dovrò supporre[13] che ha qualcosa da nascondere."

Palumbo si siede, incrocia le braccia. "Allora? Che volete sapere?" chiede con aria di sfida.

"Lei sa che ieri è stato ucciso un uomo davanti al Duomo? Si chiamava Antonio Rizzo."

"No, non lo sapevo."

"Però questo nome lo conosce, non è vero?"

"E perché dovrei conoscerlo?"

"Perché Antonio Rizzo era l'amante di sua moglie. Non mi dica che non sapeva neanche questo" dice Angela con una finta espressione stupita.

Palumbo salta in piedi e comincia a sbraitare[14]: "Tutto questo è ridicolo! Cosa ne sapete voi di questa storia?"

"Signor Palumbo, Le ricordo che se non risponde alle nostre domande ci sono molti altri modi in cui possiamo avere le informazioni. Potremmo perquisire[15] casa sua, per esempio."

"E va bene! Lo sapevo! Sapevo che mia moglie aveva un amante, e sapevo che era quel pezzente[16], quella nullità[17], quel…"

"Dov'era ieri mattina?" lo interrompe Angela.

"Cosa? Pensate che lo abbia ucciso io?" dice alzando ancora di più la voce.

"Risponda alla domanda."

"Io quello non l'ho neppure mai incontrato! È vero, ero furioso[18] con mia moglie, e lo avrei volentieri preso a pugni. Ma ucciderlo…

---

13. Immaginare, fare un'ipotesi | 14. Gridare con rabbia | 15. Cercare delle prove di un reato | 16. Termine dispregiativo per indicare una persona povera | 17. Persona che non vale nulla | 18. Molto arrabbiato

una cosa del genere non l'avrei mai fatta. Sono una persona perbene, io!"

"Certamente" commenta Angela. "Quindi ora può dirci dov'era ieri mattina?"

"Ero a casa. Ho dormito fino a mezzogiorno. Chiedete a Rosetta, la cameriera."

"Lo faremo. Può andare, ora" conclude Angela.

Quando rimaniamo soli, chiedo ad Angela: "Cosa ne pensi?"

"È esattamente il tipo di persona che ucciderebbe qualcuno per rabbia o gelosia. O che pagherebbe qualcuno per farlo. Controlliamo il suo alibi[19] e facciamolo seguire."

"Sì, è la pista[20] migliore che abbiamo. Domani mattina, se sei d'accordo, vorrei parlare con sua moglie. Per vedere se può darci qualche altra informazione."

---

19. Prova che qualcuno non può aver commesso un reato | 20. Insieme di tracce per indagare

CAPITOLO 5 IL SOGNO DI ANTONIO

Sono le dieci di mattina e sono seduto in un bar davanti a piazza Plebiscito[1]. Il sole splende e i contorni di Palazzo Reale[2] spiccano contro il cielo azzurro intenso. Dal lato opposto, la Basilica di San Francesco di Paola[3], con il suo colonnato in marmo, abbraccia tutta la piazza. Nell'aria si sentono le grida dei gabbiani e l'odore del mare.

---

1. Una delle piazze più famose di Napoli | 2. Maestoso palazzo, un tempo appartenente ai reali di Napoli | 3. Chiesa che si affaccia su piazza Plebiscito, considerata uno dei migliori esempi di architettura neoclassica italiana

Sto aspettando Juliana Barros, la moglie di Palumbo. Le ho telefonato ieri, dicendole che sono un commissario di Polizia che sta indagando sulla morte di Antonio. Lei mi ha chiesto di incontrarci in un bar invece che in Questura.

Juliana arriva dopo poco. È una bella ragazza, si muove con eleganza. I grandi occhiali da sole non nascondono l'espressione addolorata[4] e rassegnata[5].

"Quindi è Lei che si sta occupando del caso di Antonio" dice, stringendomi la mano e sedendosi al mio tavolo. "C'è qualche novità?"

"Stiamo seguendo una pista. Le ho chiesto di venire qui perché potrebbe avere qualche informazione utile all'indagine."

"Certo" dice lei. "Cosa vuole sapere?"

"Da quanto tempo aveva una relazione con Antonio Rizzo?"

"Quasi un anno. Mio marito aveva organizzato una festa, Antonio lavorava per il catering: ci siamo conosciuti così. Era un ragazzo dolce, premuroso[6]. Il contrario di mio marito... Ci siamo innamorati. Nel mio matrimonio l'amore non c'è mai stato."

"Lei sapeva che lavoro faceva Antonio?"

"Mi sta chiedendo del traffico di documenti falsi? Sì, lo sapevo. Ma cerchi di capire: Antonio veniva da una famiglia povera, da un quartiere difficile. Non ha potuto studiare perché fin da ragazzo ha dovuto provvedere[7] alla sua famiglia. Quel lavoro era la sua unica possibilità di sopravvivere. Ma lui non era come loro, non era un criminale. Voleva uscirne, cambiare vita, andare via..."

---

4. Piena di dolore | 5. Che accetta il dolore senza reagire | 6. Affettuoso | 7. Prendersi cura

"Andare via?"

"Sì. Volevamo andare in Brasile. Io volevo tornare nel mio paese, non avevo nessun motivo per rimanere in Italia. E lui voleva aprire un bar lì. Avrebbe messo da parte[8] dei soldi e saremmo partiti insieme, io e lui. Quando lo diceva era così convinto, così emozionato... Ma io lo sapevo che era solo un sogno."

"Perché un sogno?"

"Perché Antonio non sarebbe mai riuscito a mettere da parte tutto il denaro che serviva. E io non ne ho, i soldi sono tutti di mio marito. E poi, non è facile uscire da queste organizzazioni criminali."

"Ma Antonio ci aveva provato?"

"Aveva detto a Carmela, la persona che gestisce tutto, che non voleva più lavorare per lei. Lei aveva reagito molto male: aveva detto che non gli avrebbe permesso di andarsene, che non poteva tradire così la sua fiducia."

Quando io e Juliana ci salutiamo, mi incammino[9] verso la Questura per raccontare ad Angela il nostro colloquio. Il racconto di Juliana mi ha messo tristezza. Immagino come doveva sentirsi Antonio, un uomo che desiderava cambiare la sua vita ma che non poteva farlo. Un uomo che continuava a sognare una vita diversa, anche se sapeva bene di non avere nessuna speranza.

Prendo il cellulare e faccio il numero di Angela, che mi risponde dopo pochi squilli. "Angela, hai già fatto controllare il conto in banca di Antonio Rizzo?"

"Non ancora, non mi sembrava urgente. Perché me lo chiedi?" mi domanda leggermente stupita.

---

8. Risparmiato | 9. Vado verso

"Fallo controllare subito, per favore. È solo un'idea, ma è meglio controllare. Ci vediamo tra poco in Questura."

Quando arrivo nel suo ufficio, Angela mi porge[10] un foglio con i dati bancari[11] di Antonio. Cinquecentomila euro. I sogni di Antonio erano piuttosto concreti[12], dopotutto. Con una cifra del genere, avrebbe potuto tranquillamente cominciare una nuova vita altrove, insieme a Juliana.

"Da dove vengono tutti questi soldi?" chiede Angela. "Antonio partecipava a un traffico illegale, è vero. Ma non era lui a gestire le attività…"

"Credo di saperlo" dico io. "E se ho ragione, domani vieni a cena con me."

---

10. Mi dà | 11. Della banca | 12. Reali

CAPITOLO 6 UNA QUESTIONE D'ONORE

Sono quasi le quattro del pomeriggio quando chiamo Carmela dall'ufficio di Angela, che è accanto a me e ascolta la telefonata con un'aria un po' insofferente[1].

"Ho saputo che sei stato molto impegnato" dice Carmela. "Allora, lo hai trovato, il colpevole?"

"Sì, le tue indicazioni sono state molto utili. Stasera l'arrestiamo."

"Bene. Sono contenta che quel Palumbo paghi per quello che ha fatto" dice lei in tono sollevato[2].

"Ma non ti ho chiamata per questo…"

---

1. Impaziente, intollerante | 2. Meno preoccupata

"Anch'io ho voglia di vederti, lo sai" dice lei senza farmi finire la frase. Dalla voce capisco che sta sorridendo. "Vieni a casa mia, stasera?"

Mi lascio convincere facilmente e ci diamo appuntamento per le nove nella sua villa di Posillipo[3].

Angela mi guarda con un'espressione chiaramente infastidita, ma non dice niente.

***

Carmela mi apre la porta in un elegante abito nero che mette in risalto[4] il suo fisico. Una romantica musica di sottofondo[5] e una bottiglia di champagne ghiacciato completano l'atmosfera. Mi viene incontro[6] sorridendo e mi bacia.

"Ti sono grata[7] per aver trovato e arrestato il colpevole della morte di Antonio" dice, versandomi una coppa di champagne. "Sapevo di potermi fidare di te."

"Già. È difficile trovare qualcuno di cui fidarsi, no? A proposito di fiducia, sapevi che Antonio voleva andarsene?"

"E questo chi lo dice?" Improvvisamente cambia espressione: adesso non sorride più.

"Antonio era felice di lavorare per me. Io gli ho dato un lavoro, gli ho insegnato il mestiere. Mi era grato per tutto quello che ho fatto per lui."

"Quindi immagino la rabbia e la delusione quando hai scoperto che ti aveva tradita…"

"Tradita? Che vuoi dire?" Adesso la sua voce è dura.

---

3. Quartiere collinare di Napoli, con una straordinaria vista sul golfo | **4.** Valorizza, fa sembrare ancora più attraente | **5.** A basso volume, ma che si sente in tutto l'ambiente | **6.** Viene verso di me | **7.** Ti ringrazio

"Su, Carmela, tu non sei una stupida e di certo sai gestire bene i tuoi affari..."

Mi guarda per qualche istante[8] senza dire niente, stringe le labbra.

"Sì, Antonio aveva tradito la mia fiducia. Aveva cominciato a fare affari per conto suo alle mie spalle[9]. Mi ha sottratto[10] molti clienti. E molti soldi."

"E come mai una donna d'affari come te ha lasciato correre[11]?"

Carmela mi lancia un'occhiata furiosa. Si alza di scatto[12] dal divano e comincia a camminare avanti e indietro per la stanza.

"Ma a te cosa importa, eh?"

"O forse non hai lasciato correre affatto..." continuo io.

"Si può sapere dove vuoi arrivare? Cosa vuoi?"

"Avevi una relazione con Antonio, o mi sbaglio?"

"Sì, sì, avevamo una relazione, e allora?"

"Beh, le cose cambiano" la provoco io. "Una delusione d'amore può essere molto dolorosa..."

Mi fissa con quei suoi occhi profondi, quasi con odio: "Quando mi ha lasciata pensavo che prima o poi[13] sarebbe tornato da me, ma lui si stava allontanando... e alla fine mi ha detto che voleva lasciare il lavoro."

"Per te è stato un duro colpo, immagino. È stato allora che hai scoperto dei suoi affari segreti? E magari anche che aveva un'altra donna?"

Adesso mi guarda senza dire niente.

"Quello che mi stupisce è che non hai fatto niente per risolvere la situazione, per difendere il tuo onore. Alla fine, Palumbo ha avuto più fegato[14] di te."

---

8. Attimo, momento | 9. Senza che io lo sapessi | 10. Tolto | 11. Non ha reagito | 12. Improvvisamente | 13. In futuro | 14. Ha avuto più coraggio

"Ah! Quel cretino[15]!" urla lei. "Quello è un guappo di cartone[16]! Credi davvero che avrebbe fatto qualcosa? Sono stata io! Io ho scoperto il tradimento di Antonio! Io ho dato l'ordine di ucciderlo! Io ho messo fine a questa storia!"

C'è un attimo di silenzio. Carmela si versa dell'altro champagne e torna a sedersi. Adesso è stranamente calma: "Naturalmente tutto questo rimane tra noi due[17]. E comunque, non ci sono prove."

"Purtroppo ti sbagli" le dico. Poi le mostro il piccolo microfono nascosto nella tasca della mia camicia: la nostra conversazione è stata ascoltata e registrata.

Dopo pochi minuti Angela e due agenti entrano nella stanza.

"Portatela via" ordina Angela con evidente soddisfazione.

***

La mattina dopo io e mia madre siamo in cucina, beviamo un caffè insieme.

"Allora parti stasera?" chiede lei, con un po' di tristezza nella voce.

"Ho ancora un paio di giorni di ferie. Pensavo di rimanere ancora un po', così stasera ti porto a mangiare la pizza a Port'Alba[18]."

"Che bello!" esclama mia madre, tutta contenta. "Non ci vado da tanto tempo!"

In quel momento il mio cellulare suona, è un messaggio di Angela. *Non dovevi invitarmi a cena?*

Non riesco a trattenere un sorriso. Anche se Angela era uno dei

---

15. Stupido | 16. Espressione del dialetto napoletano che indica una persona che si mostra arrogante e prepotente ma che in realtà è debole e incapace | 17. È un'informazione riservata, che sappiamo solo noi due | 18. Una delle più antiche e famose pizzerie di Napoli

motivi per cui pensavo di prolungare[19] le mie ferie, non mi aspettavo che si facesse sentire lei per prima.

Mia madre mi legge in faccia l'emozione e la contentezza, mi sorride e mentre mi accarezza dice:

"Perché non ci porti Angela a Port'Alba? Io stasera sarò sicuramente stanca..."

---

19. Rendere più lunghe, far continuare.

NOTE CULTURALI

NAPOLI Napoli è il capoluogo della Campania e conta poco meno di 1 milione di abitanti.
Fu fondata dai Greci con il nome di Partenope e, nel corso della sua lunga storia, ha conosciuto diverse dominazioni: romana, bizantina, normanna, sveva, angioina, spagnola e francese. Ciascuna di queste dominazioni ha lasciato la sua impronta architettonica, artistica e linguistica, contribuendo così al ricco e variegato patrimonio artistico e culturale della città attuale. Chi visita la città potrà ammirare resti di epoca romana e paleocristiana accanto ad architetture gotiche, rinascimentali e liberty. Tra i luoghi d'interesse imperdibili, il Teatro San Carlo, il più antico teatro del mondo ancora attivo, il monumentale Palazzo Reale e il castello del Maschio Angioino, uno dei simboli della città. Ma la creatività del popolo napoletano si esprime anche in altre forme artistiche completamente originali e uniche, come il presepe napoletano e la raffinatissima porcellana di Capodimonte. Nel corso dei secoli, la città ha inoltre dato vita a un genere di canzone di fama mondiale, la canzone napoletana, e a una tradizione culinaria che comprende alcuni piatti che sono diventati dei classici della cucina mondiale, come la pizza. La città è sede di alcune delle più antiche istituzioni europee: l'Università Federico II, fondata nel 1224; l'Orientale,

Il castello del Maschio Angioino, uno dei simboli della città la più antica università europea di studi orientalistici; la Nunziatella, una delle più antiche accademie militari del mondo. Nel 1995 l'UNESCO ha dichiarato il centro storico della città patrimonio mondiale dell'umanità e nel 1997 il vicino parco vulcanico Somma-Vesuvio ha ottenuto il titolo di riserva mondiale della biosfera. Napoli è una città ricchissima di tradizioni e ha una cultura popolare unica in Italia, spesso legata alla religione, alla superstizione o a episodi storici avvenuti in città. Questo ha contribuito a creare la forte identità culturale che, anche se con molti stereotipi, distingue gli abitanti della città.

LA CUCINA NAPOLETANA La cucina napoletana comprende una grande varietà di pietanze. Le ricette tradizionali prevedono spesso l'uso di ortaggi e prodotti tipici del territorio, come il pomodoro Sammarzano, i friarielli (una varietà di broccoli), la provola (un formaggio simile alla mozzarella, ma affumicato) e la fresella (una specie di biscotto di grano duro che si mangia bagnato e condito con olio e pomodoro). I primi piatti, quasi sempre a base di pasta, possono essere molto semplici, come la pasta al pomodoro, o elaborati, come gli ziti con il ragù (un particolare formato di pasta condito con un sugo a base di pomodoro e carne). La ricetta a base di pesce più caratteristica è quella dei polpi *alla luciana*, conditi con pomodoro, aglio, olive e capperi; tra i piatti di carne, invece, c'è il coniglio *all'ischitana*, preparato con pomodoro, pepe-

Un piatto di struffoli

roncino, aglio e un gran numero di spezie. I piatti di verdure, molto vari, comprendono la parmigiana di melanzane (preparata con melanzane fritte, pomodoro, mozzarella e basilico) e il gattò di patate (un pasticcio di patate macinate farcito con vari tipi di salumi). La pasticceria napoletana è molto varia e ormai diffusa in tutt'Italia: la sfogliatella (un dolce ripieno di ricotta, cannella, e scorze di arancia), la pastiera (dolce a base di grano, tipico del periodo pasquale) e gli struffoli (palline di pasta fritta condite con il miele), tipici del periodo natalizio.

IL DUOMO E IL MIRACOLO DI SAN GENNARO Il Duomo di Napoli, o Cattedrale di Napoli, è una delle più belle e importanti chiese della città. La sua costruzione fu iniziata nel XIII secolo e oggi presenta diversi stili architettonici e decorativi: l'interno è gotico medievale, le decorazioni sono rinascimentali e barocche e la facciata è in tipico stile neogotico. Dalla navata sinistra della chiesa si può accedere alla Basilica di Santa Restituta, di origine paleocristiana, e alla zona archeologica che si trova sotto il Duomo, in cui ci sono importanti resti della Napoli greco-romana e paleocristiana. All'interno della chiesa si trova la reale cappella del tesoro di San Gennaro, in cui sono custodite le ampolle che contengono il sangue del santo patrono di Napoli. Tre volte all'an-

La facciata in stile neogotico del Duomo

no, il 19 settembre (che è considerata la data più importante), il sabato precedente alla prima domenica di maggio e talvolta il 16 dicembre, il Duomo ospita il rito dello scioglimento del sangue di San Gennaro. Si tratta di una cerimonia molto coinvolgente e spesso ai limiti della superstizione, durante la quale i fedeli pregano e implorano il santo di compiere il miracolo. Lo scioglimento del sangue, infatti, è considerato un "favore" che San Gennaro concede ai napoletani, e dunque è segno della protezione del santo sulla città e sui suoi abitanti. Al contrario, quando il miracolo non si verifica, la tradizione vuole che siano in arrivo tempi difficili per la città. In questo secolo, il miracolo non si è verificato nel 1939, allo scoppio della Seconda guerra mondiale, nel 1944, data dell'ultima eruzione del Vesuvio, nel maggio 1973, quando Napoli fu colpita da un'epidemia di colera e nel settembre 1980, due mesi prima di un devastante terremoto.

PIAZZA DEL PLEBISCITO Situata nel centro storico di Napoli, piazza del Plebiscito è probabilmente la piazza più rappresentativa della città. Deve il suo nome al plebiscito del 21 ottobre 1860 con cui si decise l'annessione del Regno delle due Sicilie al Regno di Sardegna (poi Regno d'Italia). La piazza è un'area pedonale circondata da importanti edifici storici, in particolare il Palazzo Reale e la Basilica di San Francesco di Paola. Grazie alla sua superficie di 25mila metri quadrati, la piazza è spesso utilizzata per importanti eventi e manifestazioni, dalle celebrazioni per il capodanno ai concerti.

Il Palazzo Reale fu costruito all'inizio del Seicento su ordine dei viceré spagnoli e fu realizzato dall'architetto Domenico Fontana. Nel corso dei secoli l'edificio è stato più volte ristrutturato e ampliato, e gli spazi interni sono stati arricchiti da decorazioni neo-

Una veduta della piazza con la Basilica di San Francesco di Paola

classiche provenienti dalla Francia e da un monumentale scalone in marmo. Le statue che si trovano lungo tutta la facciata esterna del palazzo raccontano la complessa storia della città: si tratta dei capostipiti di ciascuna dinastia che ha regnato su Napoli, da Ruggero il Normanno a Vittorio Emanuele II, primo re d'Italia.
Di fronte al Palazzo Reale, dall'altro lato della piazza, si trova la Basilica di San Francesco di Paola, costruita nella prima metà dell'Ottocento in perfetto stile neoclassico. La forma circolare della chiesa e il suo colonnato in marmo, chiaramente ispirato a quello di San Pietro a Roma, sono tra gli scorci più riconoscibili di Napoli. All'interno della chiesa si possono ammirare i quadri del famoso maestro napoletano Luca Giordano e un pregevole altare decorato con pietre preziose.

IL GIOCO DEL LOTTO Il Lotto è un gioco d'azzardo gestito dallo Stato italiano. Consiste nell'estrazione di cinque numeri tra 1 e 90. I giocatori possono scommettere sull'estrazione di due, tre, quattro o cinque numeri, con diverse combinazioni. L'origine del gioco è antichissima, ma le prime notizie certe sul gioco del Lotto in Italia risalgono alla metà del Seicento. La cultura popolare italiana, probabilmente ispirandosi alla Cabala ebraica, ha sviluppato nel corso dei secoli diverse Smorfie regionali: si tratta di codici con cui associare ogni avvenimento, o sogno, a un numero da poter giocare al Lotto. La smorfia più diffusa è quella partenopea in cui trovano spazio anche elementi religiosi e personaggi contemporanei (il numero 10, ad esempio, tradizionalmente associato ai fagioli, è ora attribuito anche all'amatissimo calciatore Diego Armando Maradona, che ha giocato nella squadra di calcio della città con la maglia numero 10). Il Lotto è profondamente radicato nella cultura popolare dei napoletani, che non perdono un'occasione per tradurre in numeri avvenimenti e sogni. La fantasia popolare ha costruito intorno al gioco un affascinante mondo di tradizioni e credenze in cui il sacro si mescola al profano e al magico.

ATTIVITÀ

CAPITOLO 1 NAPOLI

1. Indica ☑ quali delle seguenti frasi sono vere e correggi quelle false.

1. Appena arriva a Napoli, Mimmo beve un caffè al bar. **V☐ F☐**
2. Mimmo pensa che il caffè di Napoli sia unico. **V☐ F☐**
3. Mimmo va a casa di sua madre. **V☐ F☐**
4. Mimmo è tornato a Napoli per lavoro. **V☐ F☐**
5. La madre di Mimmo vorrebbe che lui avesse una compagna. **V☐ F☐**
6. Angela e Mimmo si sentono spesso. **V☐ F☐**
7. Il giorno dopo Mimmo e sua madre andranno ad assistere al miracolo di San Gennaro. **V☐ F☐**
8. Mimmo e sua madre chiacchierano a lungo e vanno a letto tardi. **V☐ F☐**

2. Scegli ☑ l'opzione corretta.

1. Mimmo dice che alcuni napoletani:
a. portano sempre con sé un po' di acqua di Napoli per preparare il caffè. ☐
b. non sentono la mancanza del caffè di Napoli. ☐
c. se non sono a Napoli non bevono caffè. ☐

2. Mimmo paga due caffè:
a. perché era così buono che ne ha bevuti due. ☐
b. perché ha trovato il caffè molto buono e vuole lasciare una mancia generosa. ☐
c. perché vuole offrire un caffè a qualcuno dopo di lui che non può pagare. ☐

3. La madre di Mimmo:
a. fa le pulizie a casa dei vicini. ☐
b. ha un buon rapporto con i vicini di casa. ☐
c. vive con suo marito. ☐

4. Mimmo andrà al Duomo:
a. per pregare San Gennaro e chiedergli aiuto. ☐
b. per accompagnare sua madre ad assistere al miracolo. ☐
c. perché è un giorno molto importante per tutti i napoletani. ☐

5. Attualmente Mimmo non lavora a Napoli:
a. perché è stato licenziato. ☐
b. perché i suoi superiori lo hanno trasferito. ☐
c. perché ha chiesto il trasferimento in un'altra città. ☐

6. Angela è arrabbiata con Mimmo:
a. perché lui non si fa mai sentire. ☐
b. perché lui ha avuto una relazione con la moglie di un pregiudicato. ☐
c. perché lui ha deciso di cambiare città. ☐

3. (Cerchia) l'espressione corretta.

1. Appena le porte si aprirono, una grande folla si **trasferì / riversò** nello stadio.

2. Giulia è molto orgogliosa: non **scopre** / **ammette** mai di aver sbagliato.

3. Raffaella è una grande fan di Andrea Camilleri: ogni volta che esce un suo libro lei si **precipita** / **riversa** in libreria per comprarlo.

4. La Polizia sta indagando da giorni ma non ha ancora **scoperto** / **ammesso** il colpevole.

5. Sono molti i napoletani che vanno in chiesa per **pregare** / **assistere** al miracolo di San Gennaro.

6. "Finalmente mi trasferiscono in un altro ufficio!" **annunciò** / **sospirò** Martina con gioia.

4. I napoletani hanno un'autentica passione per il caffè. Non solo perché è buono, ma anche perché rappresenta un importante momento di socialità. Nella tua città / nel tuo paese, esistono una bevanda o un cibo con queste caratteristiche?

CAPITOLO 2 IL MIRACOLO

1. **Riordina queste frasi per ottenere il riassunto del capitolo.**

   ☐ a. Dalla piazzetta davanti al Duomo arrivano delle grida, Mimmo esce dalla chiesa e vede un uomo morto.

   ☐ b. Mimmo e sua madre tornano a casa a piedi.

   ☐ c. Il cardinale sventola il fazzoletto, la folla urla e ringrazia il santo.

   ☐ d. Mimmo e sua madre arrivano in chiesa mentre i fedeli pregano e cantano.

   ☐ e. La madre di Mimmo racconta quello che è successo ai vicini di casa e tutti insieme decidono di giocare al Lotto.

   ☐ f. Il sangue di San Gennaro si scioglie.

   ☐ g. Alcuni poliziotti informano Mimmo che qualcuno ha sparato all'uomo e poi è fuggito.

   ☐ h. Mimmo riceve la telefonata di Angela che gli chiede di parlare con Carmela per avere informazioni sull'omicidio.

2. **Scegli ☑ l'opzione corretta.**

   1. La folla riunita in chiesa:
   a. prega e canta. ☐
   b. è composta soprattutto da curiosi. ☐
   c. rimane silenziosa in attesa del miracolo. ☐

   2. Chi non è riuscito a entrare:
   a. se ne va. ☐
   b. aspetta in silenzio nella piazzetta davanti al Duomo. ☐

Attività

    c. rimane davanti alle porte della chiesa e crea una gran confusione. ☐

3. Il fazzoletto bianco:
    a. è un modo per attirare l'attenzione della folla. ☐
    b. è un segnale per far sapere a tutti che il miracolo è avvenuto. ☐
    c. è un segnale per chiedere di fare silenzio. ☐

4. L'uomo è stato ucciso:
    a. in mezzo alla folla, mentre era nel Duomo. ☐
    b. in mezzo alla folla, vicino al Duomo. ☐
    c. lontano dal Duomo. ☐

5. Quando Mimmo arriva, la Polizia:
    a. ha già trovato l'arma del delitto. ☐
    b. sta interrogando i possibili testimoni. ☐
    c. sta per arrivare. ☐

6. La madre di Mimmo:
    a. ha visto l'omicidio. ☐
    b. all'inizio non ha capito cosa è successo. ☐
    c. non si è accorta di niente. ☐

7. Quando torna a casa, la madre di Mimmo:
    a. va a casa della signora Maria per raccontare quello che è successo. ☐
    b. è ancora molto turbata. ☐
    c. racconta quello che è successo affacciata al balcone. ☐

8. Gli abitanti della strada:
    a. rimangono indifferenti. ☐
    b. rimangono impressionati da quello che è accaduto e decidono di giocare i numeri. ☐

c. giocano i numeri ognuno per conto suo. ☐

9. Antonio Rizzo:
a. lavorava per Carmela, la moglie di un pregiudicato. ☐
b. era un noto criminale. ☐
c. era il proprietario di una ditta di catering. ☐

10. Angela chiede a Mimmo di parlare con Carmela:
a. perché Angela e Mimmo sono in confidenza. ☐
b. per avere informazioni, visto che Mimmo conosce già Carmela. ☐
c. perché sospetta di Carmela. ☐

3. ~~Elimina~~ da ciascun gruppo l'elemento estraneo.

1. Altare, confusione, pregare, fedeli.

2. Testimone, descrizione, informazioni, curiosi.

3. Pallido, turbato, angosciato, sereno.

4. Collega, sparare, arma, silenziatore.

5. Freddo, entusiasta, distaccato, sarcastico.

4. Completa le frasi con i seguenti verbi coniugati nel modo opportuno.

| sospettare | aprirsi | tenere | compilare |
| essere | approfittare | ignorare | attribuire |

1. È un argomento delicato e non so se ne vorrà parlare con me. Ci conosciamo da poco e non .... in confidenza.

Attività

2. La Polizia .... sotto controllo la casa del sospettato per più di un mese e finalmente è riuscita ad arrestarlo.

3. Siccome il tema del dibattito era molto interessante, ... una lunga discussione.

4. La bellissima *Madonna Dreyfus* .... a Leonardo da Vinci.

5. Il presentatore .... le domande del pubblico e continuò il suo discorso.

6. Angela .... che Carmela abbia un'attività illegale.

7. Paolo .... il modulo di iscrizione e lo ha consegnato alla segretaria.

8. Oggi esco un'ora prima dal lavoro, ne .... per fare una passeggiata.

CAPITOLO 3 UNA VECCHIA CONOSCENZA

1. Indica ✓ se le seguenti affermazioni sono vere o false.

   1. Mimmo va a trovare Carmela nel suo negozio. V☐ F☐

   2. Carmela ha aperto la sua attività di catering da quando il marito è in carcere. V☐ F☐

   3. Mimmo capisce che Carmela gestisce un'attività illegale. V☐ F☐

   4. Carmela dice che non era contenta di come lavorava Antonio. V☐ F☐

   5. Carmela pensa che Antonio non sia stato ucciso a causa del suo lavoro. V☐ F☐

   6. Carmela dice che Antonio aveva una relazione con una donna sposata. V☐ F☐

   7. Carmela dice che la colpevole è sicuramente Juliana. V☐ F☐

   8. Carmela invita Mimmo a rivedersi ancora. V☐ F☐

   9. Mimmo pensa che Carmela non dica la verità. V☐ F☐

   10. Angela dice che farà arrestare Palumbo. V☐ F☐

2. Correggi il riassunto.

Il giorno successivo Mimmo va a trovare Carmela a casa sua. Carmela, che non è affatto cambiata, lo accoglie calorosamente e gli parla della sua nuova attività, dicendogli chiaramente che gestisce un traffico di documenti falsi. Quando Mimmo le parla di Antonio Rizzo, Carmela si mostra indifferente a quello che è successo. Secondo Carmela il colpe-

Attività

vole potrebbe essere il marito di Juliana, la donna con cui Antonio aveva una relazione. Mimmo promette a Carmela che si rivedranno presto e telefona ad Angela per raccontarle quello che ha detto Carmela. Angela non sa se fidarsi di Carmela, ma decide comunque di controllare il cellulare di Francesco Palumbo e di fare delle ricerche su Juliana.

....

....

....

....

....

....

....

3. Completa le frasi con i seguenti aggettivi accordati nel modo opportuno.

aggressivo   facoltoso   presuntuoso

impulsivo   imbronciato   affidabile

1. Virginia era scontenta dei risultati del suo esame e tornò a casa un po' ....

2. Sofia sta cercando una baby-sitter seria e .... per i suoi bambini.

3. Questo è un quartiere molto esclusivo e gli affitti sono cari: infatti ci abitano solo famiglie ....

4. Cristina ha un carattere molto .... e spesso prende le decisioni senza pensare alle conseguenze.

5. Stefano si vanta spesso del proprio lavoro e crede di essere più bravo di tutti, è proprio ....

6. Se qualcuno lo critica, Antonio alza la voce e reagisce in modo ....

4. Collega i seguenti verbi alla loro definizione.

1. mentire
2. fidarsi
3. affidare
4. tollerare
5. arrangiarsi
6. affrettarsi

a. sopportare qualcosa non volentieri
b. dire una bugia
c. dare un incarico a qualcuno
d. sbrigarsi a fare qualcosa
e. avere fiducia in qualcuno
f. fare quello che si può per uscire da una situazione difficile

Attività

5. Antonio lavorava in un'attività illegale e aveva una relazione con una donna sposata. Prova a fare delle ipotesi sulle cause della sua morte.

CAPITOLO 4 UN SOSPETTATO

1. Indica ✓ se le seguenti affermazioni sono vere o false.

   1. Mimmo va in Questura per incontrare Angela. **V☐ F☐**
   2. Angela ha scoperto che Palumbo aveva già commesso dei reati. **V☐ F☐**
   3. Juliana e Antonio avevano una relazione. **V☐ F☐**
   4. Inizialmente Palumbo non vuole rispondere alle domande. **V☐ F☐**
   5. Palumbo dice di non sapere che Antonio era l'amante della moglie. **V☐ F☐**
   6. Palumbo dice che al momento dell'omicidio era a casa e che ha un alibi. **V☐ F☐**
   7. Angela pensa che Palumbo potrebbe essere colpevole. **V☐ F☐**
   8. Mimmo vuole parlare ancora con Palumbo per chiedergli altre informazioni. **V☐ F☐**

2. Scegli ✓ l'opzione corretta.

   1. Palumbo:
   a. ha già commesso un omicidio. ☐
   b. ha già commesso alcuni reati. ☐
   c. spacciava droga. ☐

   2. Angela:
   a. è molto simile a Carmela. ☐
   b. è bionda, come la maggior parte dei meridionali. ☐
   c. non ha un aspetto tipicamente meridionale. ☐

Attività

3. Angela:
a. è ancora arrabbiata con Mimmo e lo tratta con freddezza. ☐
b. è grata a Mimmo perché le sta dando una mano. ☐
c. non vede Mimmo da qualche mese. ☐

4. Palumbo:
a. dice che sapeva della morte di Antonio. ☐
b. ha un atteggiamento poco collaborativo. ☐
c. dice che non risponderà a nessuna domanda. ☐

5. Palumbo dice che:
a. ha preso a pugni Antonio. ☐
b. non ha ucciso Antonio. ☐
c. sua moglie non aveva un amante. ☐

6. Angela pensa:
a. che Palumbo è certamente colpevole. ☐
b. che bisogna continuare a indagare su Palumbo. ☐
c. che Palumbo non è il tipo di persona che ucciderebbe qualcuno. ☐

3. Completa il testo inserendo le seguenti parole nel modo opportuno.

| indagini | pista | movente |
| reati | alibi | assassino |

Palumbo, che in passato ha già commesso alcuni ...., dice di non essere un .... e di non aver ucciso Antonio, anche se aveva un .... per farlo. Mimmo e Angela, però, non sono convinti e decidono di continuare a seguire la stessa .... : faranno seguire Palumbo e verificheranno il suo .... Il giorno dopo Mimmo continuerà le .... parlando con la moglie di Palumbo.

4. Collega gli elementi delle due colonne per creare delle espressioni, poi inseriscile nelle seguenti frasi coniugando i verbi nel modo opportuno.

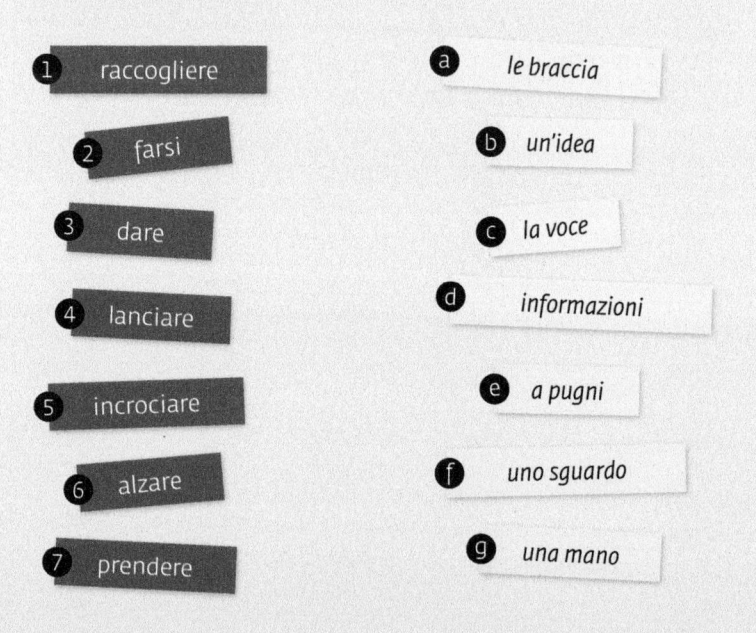

1. raccogliere
2. farsi
3. dare
4. lanciare
5. incrociare
6. alzare
7. prendere

a. le braccia
b. un'idea
c. la voce
d. informazioni
e. a pugni
f. uno sguardo
g. una mano

1. Dina è molto disponibile ed è sempre pronta a .... ai colleghi.

2. Ho letto il libro molto velocemente, solo per .... dell'argomento.

3. Puoi .... per favore? Con tutto questo rumore non riesco a sentirti.

4. Giorgio .... un compagno ed è stato espulso dalla scuola.

5. Di solito quando devo fare una ricerca per la scuola, ... su internet.

6. Appena Guido cominciò a raccontare la storia, sua moglie gli .... per dirgli di stare zitto.

7. Carla non ha un bel carattere: se non può stare al centro dell'attenzione, diventa seria, ... e non dice più niente.

CAPITOLO 5 IL SOGNO DI ANTONIO

1. Rispondi alle domande.

   1. Chi è Juliana e che rapporti aveva con Antonio?
   ....
   ....

   2. Qual era il sogno di Antonio?
   ....
   ....

   3. Perché secondo Juliana i progetti di Antonio non erano realizzabili?
   ....
   ....

   4. Perché ad Angela il conto in banca di Antonio sembra strano?
   ....
   ....

2. Scegli ✓ l'opzione corretta.

   1. Mimmo aspetta Juliana:
   a. in un bar. ☐
   b. a piazza Plebiscito. ☐
   c. vicino al mare. ☐

   2. Juliana dice che:
   a. Antonio era molto simile a suo marito. ☐
   b. Antonio aveva un bel carattere. ☐
   c. non ha mai amato Antonio. ☐

Attività

3. Juliana:
a. non sapeva delle attività illegali di Antonio. ☐
b. giustifica Antonio per le sue attività illegali. ☐
c. voleva lasciare Antonio. ☐

4. Juliana e Antonio:
a. avevano abbastanza soldi per andare in Brasile. ☐
b. volevano aprire un bar a Napoli. ☐
c. volevano costruirsi una nuova vita insieme. ☐

5. Antonio ha detto a Carmela che voleva andarsene:
a. e lei gli ha detto di no. ☐
b. e lei gli ha prestato dei soldi. ☐
c. e lei ha tradito la sua fiducia. ☐

6. Mimmo chiede ad Angela:
a. di far controllare Juliana. ☐
b. di far controllare il conto in banca di Antonio. ☐
c. di incontrarlo al bar. ☐

7. Nel conto in banca di Antonio:
a. c'erano pochi risparmi. ☐
b. non c'era nulla di strano. ☐
c. c'erano moltissimi soldi. ☐

8. Mimmo:
a. ha un'idea e vuole verificarla. ☐
b. ha un'idea e chiude il caso. ☐
c. non ha idea della provenienza del soldi. ☐

3. Completa le seguenti frasi con l'aggettivo adeguato. Fai attenzione all'accordo con il sostantivo.

- premuroso/a
- urgente
- concreto/a
- intenso/a
- convinto/a

1. Non perdiamo tempo, bisogna finire subito questa relazione.
Questa relazione è ....

2. Giuseppe ha dipinto le pareti di casa sua di un giallo molto forte.
Giuseppe ha dipinto le pareti di un giallo ....

3. Sandra è molto attenta ai bisogni dei suoi figli.
Sandra è ....

4. A Michele hanno proposto un lavoro, ma lui non sa se accettare e ha ancora dei dubbi.
Michele non è ....

5. In teoria questo progetto è molto interessante, ma è quasi impossibile da realizzare.
Il progetto non è ....

4. Da dove vengono i soldi di Antonio? Sono collegati alla sua morte? Prova a fare delle ipotesi.

....

....

Attività

CAPITOLO 6 UNA QUESTIONE D'ONORE

1. Indica ✓ quali delle seguenti frasi sono vere e correggi quelle false.

1. Mimmo chiama Carmela e le dice che hanno già arrestato il colpevole. V☐ F☐
2. Mimmo accetta l'invito di Carmela ad andare a casa sua quella sera. V☐ F☐
3. Carmela ringrazia Mimmo per aver arrestato Palumbo. V☐ F☐
4. Carmela dice che Antonio aveva danneggiato i suoi affari. V☐ F☐
5. Carmela dice che voleva allontanare Antonio dal lavoro. V☐ F☐
6. Carmela e Palumbo hanno fatto uccidere Antonio. V☐ F☐
7. Mimmo ha registrato la conversazione con Carmela. V☐ F☐
8. Carmela viene arrestata. V☐ F☐
9. Il giorno dopo, Mimmo chiama Angela per invitarla a cena. V☐ F☐
10. La madre di Mimmo è molto delusa di non andare in pizzeria quella sera. V☐ F☐

2. Rispondi alle seguenti domande.

1. Perché Mimmo telefona a Carmela e accetta il suo invito?
....
....

2. Da dove venivano i soldi di Antonio?
....
....

3. Perché Carmela ha fatto uccidere Antonio?
....
....

4. Perché Mimmo decide di rimanere a Napoli ancora qualche giorno?
....
....

3. Collega i seguenti aggettivi alla loro definizione.

1. insofferente
2. sollevato
3. evidente
4. deluso
5. tradito
6. grato
7. furioso

a. ha dato fiducia a qualcuno che poi lo ha ingannato
b. si capisce molto facilmente
c. molto arrabbiato
d. sopporta qualcosa poco volentieri
e. riconoscente
f. non è più preoccupato perché ha risolto un problema
g. insoddisfatto, scontento

Attività

4. La pizza è ormai un piatto internazionale, ma nasce a Napoli. Cosa sai sulle sue origini, la sua storia? Fai una ricerca su internet.

5. Scrivi l'articolo pubblicato il giorno dopo su Il Mattino. Racconta la notizia e come si è risolto il caso.

IL MATTINO

SOLUZIONI

PRIMA DI LEGGERE
1. Pino Daniele, musicista; 2. Massimo Troisi, attore e regista;
3. Roberto Saviano, giornalista e scrittore; 4. Sophia Loren, attrice

CAPITOLO 1 NAPOLI

1. 1. V
   2. V
   3. V
   4. Falso. Mimmo è tornato a Napoli per accompagnare sua madre ad assistere al miracolo di San Gennaro.
   5. V
   6. Falso. Angela e Mimmo non si sentono più da quando lei ha scoperto che Mimmo ha avuto una relazione con la moglie di un pregiudicato.
   7. V
   8. Falso. Mimmo e sua madre chiacchierano, ma vanno a letto presto.

2. 1. a / 2. c / 3. b / 4. b / 5. b / 6. b

3. 1. riversò
   2. ammette
   3. precipita
   4. scoperto
   5. assistere
   6. annunciò

CAPITOLO 2 IL MIRACOLO

1. 1.d / 2.f / 3.c / 4.a / 5.g / 6.b / 7.e / 8.h

2. 1.a / 2.c / 3.b / 4.b / 5.b / 6.b / 7.c / 8.b / 9.a / 10.b

3. 1. confusione
2. curiosi
3. sereno
4. collega
5. entusiasta

4. 1. siamo
2. ha tenuto
3. si aprì / si è aperta
4. è attribuita / è stata attribuita
5. ignorò
6. sospetta
7. ha compilato
5. approfitto / approfitterò

CAPITOLO 3 UNA VECCHIA CONOSCENZA

1. 1.V / 2.V / 3.V / 4.F / 5.V / 6.V / 7.F / 8.V / 9.F / 10.F

2. Il giorno successivo Mimmo va a trovare Carmela nel suo negozio di catering. Carmela è molto cambiata: è sempre bella, ma ora ha un'aria più energica e decisa. Carmela accoglie Mimmo calorosamente e gli parla della sua nuova attività facendogli capire che gestisce un traffico di documenti falsi, ma senza dirlo apertamente. Quando Mimmo le parla di Antonio Rizzo, Carmela si mostra molto arrabbiata per quello che è successo. Secondo Carmela, il colpevole potrebbe essere il marito di Juliana, la donna con cui Antonio aveva una relazione. Carmela invita Mimmo a rivedersi presto, ma Mimmo non le fa nessuna promessa. Uscito dal negozio, Mimmo telefona ad Angela per raccontarle quello che ha detto Carmela. Angela non sa se fidarsi di Carmela, ma decide comunque di fare delle ricerche su Palumbo e di controllare il cellulare di Antonio per capire se aveva davvero una relazione con Juliana.

3. 1. imbronciata
2. affidabile
3. facoltose
4. impulsivo
5. presuntuoso
6. aggressivo

4. 1. b / 2. e / 3. c / 4. a / 5. f / 6. d

CAPITOLO 4 UN SOSPETTATO

1. 1. F / 2. V / 3. V / 4. V / 5. F / 6. V / 7. V / 8. F

2. 1. b / 2. c / 3. a / 4. b / 5. b / 6. b

3. 1. reati
2. assassino
3. movente
4. pista
5. alibi
6. indagini

4. raccogliere informazioni (1. d) / farsi un'idea (2. b) / dare una mano (3. g) / lanciare uno sguardo (4. f) / incrociare le braccia (5. a) alzare la voce (6. c) / prendere a pugni (7. e)

1. dare una mano / 2. farmi un'idea / 3. alzare la voce / 4. ha preso a pugni / 5. raccolgo informazioni / 6. lanciò uno sguardo / 7. incrocia le braccia

CAPITOLO 5 IL SOGNO DI ANTONIO

1. Risposte possibili:
   1. Juliana è la moglie di Francesco Palumbo e aveva una relazione con Antonio.
   2. Antonio sognava di cambiare vita: voleva andare con Juliana in Brasile, dove avrebbe aperto un bar.
   3. Secondo Juliana i progetti di Antonio non erano realizzabili perché entrambi non avevano denaro sufficiente per lasciare l'Italia e cominciare una nuova vita. Inoltre, Antonio aveva difficoltà a uscire dall'organizzazione criminale di cui faceva parte.
   4. Angela trova strano che nel conto di Antonio ci siano moltissimi soldi, anche perché Antonio faceva parte di un traffico illegale, ma non era lui a gestirlo.

2. 1. a / 2. b / 3. b / 4. c / 5. a / 6. b / 7. c / 8. a

3. 1. urgente
   2. intenso
   3. premurosa
   4. convinto
   5. concreto

CAPITOLO 6 UNA QUESTIONE D'ONORE

1. 1. Falso. Mimmo dice a Carmela che stanno per arrestare il colpevole.
   2. V
   3. V
   4. V
   5. Falso. Carmela dice che Antonio si stava allontanando e che voleva lasciare il lavoro.
   6. Falso. Solo Carmela ha dato l'ordine di uccidere Antonio.

7. V
8. V
9. Falso. Angela manda un messaggio a Mimmo per ricordargli che doveva invitarla a cena.
10. La madre di Mimmo non è affatto delusa, anzi è contenta che il figlio esca con Angela.

2. Possibili risposte:
1. Mimmo telefona a Carmela per farsi invitare a casa sua e cercare di farla confessare.
2. Antonio aveva moltissimi soldi perché aveva cominciato a lavorare per conto suo, rubando clienti a Carmela.
3. Carmela ha fatto uccidere Antonio perché lui l'aveva tradita in due modi: rubandole i clienti e arricchendosi alle sue spalle, e cominciando una relazione con un'altra donna. Carmela considera entrambe le cose come un'offesa al suo onore.
4. Mimmo decide di rimanere a Napoli ancora per un po' perché ha qualche giorno di ferie e spera di poter rivedere Angela.

3. 1. d / 2. f / 3. b / 4. g / 5. a / 6. e / 7. c

GIALLO ALL'ITALIANA
IL SANGUE DI SAN GENNARO

Autore
Sandro Nanetti

Direttore editoriale
Eduard Sancho

Coordinamento editoriale
Ludovica Colussi

Revisione didattica
Ludovica Colussi

Redazione
Fidelia Sollazzo, Ludovica Colussi

Attività
Fidelia Sollazzo

Progetto grafico della collana
La japonesa

Impaginazione e progetto grafico
La japonesa

Registrazioni
Blind Records

Locutore
Pierpaolo Palloni

© Fotografie
Copertina: La japonesa; p.2 Logo Circolo Letterario Bel-Ami, Sandro Nanetti; p.6 Elena Torre/Wikimedia, InternationalFestival/Wikimedia, Paul A. Hesse Studios/Wikimedia, Wikimedia; p.7 Dr.Conati/Wikimedia; p.10 Paola Magni/Wikimedia; p.15 CoffeeAndMilk/iStockphoto; p.19 AlexGrue/Fotolia.com; p.23 Syda Productions/Fotolia.com; p.27 Photographee.eu/Fotolia.com; p.33 Antonio Gravante/Fotolia.com; p.34 Velvet/Wikimedia; p.36 Salvatore Micillo/iStockphoto.

N.B.: tutte le fotografie provenienti da www.flickr.com, Wikipedia e Wikimedia Commons sono soggette alla licenza Creative Commons (2.0 e 3.0).

Per tutti i testi e documenti riprodotti in questo manuale sono stati concessi dei permessi di riproduzione. Difusión S.L. è a disposizione degli aventi diritto non potuti reperire. È gradita la segnalazione di eventuali omissioni ed inesattezze, per poter rimediare nelle successive edizioni.

Tutti i diritti di traduzione, memorizzazione elettronica, riproduzione e di adattamento totale o parziale, con qualsiasi mezzo (compresi microfilm e le copie fotostatiche), sono riservati per tutto il mondo. Il mancato rispetto di tali diritti costituisce un delitto contro la proprietà intellettuale (art. 270 e successivi del Codice penale spagnolo).

© Difusión, S. L., Barcellona 2015

ISBN
978-84-16057-98-6

Deposito legale
B 8838-2015

Stampato in UE

5ª ristampa: ottobre 2021